arte contemplativa

T V Z

Der Theologische Verlag Zürich wird vom Bundesamt für Kultur für die Jahre 2021–2024 unterstützt.

Bibliografische Information der Deutschen Nationalbibliothek
Die Deutsche Nationalbibliothek verzeichnet diese Publikation in der Deutschen Nationalbibliografie; detaillierte bibliografische Daten sind im Internet über http://dnb.dnb.de abrufbar.

Umschlaggestaltung
Mario Moths, Marl
Unter Verwendung der Ikone «Leeres Kreuz» von Josua Boesch,
Foto: Doro Röthlisberger © Förderverein Josua Boesch

Fotos
Doro Röthlisberger
© Förderverein Josua Boesch, www.josuaboesch.ch

Satz und Layout
Mario Moths, Marl

Druck
AZ Druck und Datentechnik GmbH, Kempten

ISBN 978-3-290-18472-8 (Print)
ISBN 978-3-290-18473-5 (E-Book)

© 2022 Theologischer Verlag Zürich
Ergänzte Neuauflage, Erstauflage 1988, Noah Verlag, Oberegg

www.tvz-verlag.ch

Alle Rechte vorbehalten

JOSUA BOESCH

arte contemplativa

Heilkraft aus dem Schauen

TVZ
Theologischer Verlag Zürich

arte contemplativa: Schaffen aus der Stille,
aber mehr noch aus einer inneren Präsenz,
der eigenen und einer anderen.
Der anderen zuerst.
Die macht dann die eigene erst möglich,
in der Gestalt liebender Aufmerksamkeit.
arte contemplativa ist lebensverändernd,
ein Weg, auf dem man unmerklich
das eine und andere hinter sich hat,
man kann nicht mehr zurück.
Darum ist das Rad so bedeutsam.
Man wird verwandelt,
neu und transparent.

Es steht viel auf dem Spiel: Das Leben auf dieser Erde. Zu viele Bilder und Worte überschwemmen die Welt. Eine wahre Sintflut von Wörtern und Bildern. Wo ist die rettende Arche? Wo ist noch Raum für die Stille? Gibt es noch Zeit, in der die Bilder einander nicht pausenlos folgen und da sich Wörter und Sätze nicht ständig jagen? Gibt es eine Arche des Schweigens, in der Worte atmen und Bilder verweilen dürfen, urfrisch und lebendig?
Wo ist diese Arche?
Im Menschen. In vielen Menschen, die Stille verbreiten. Heilende Stille und heilmachendes Schweigen. Die Stille ist auch da, wenn sie reden. Denn die Quelle des Wortes ist wieder bei ihnen, und auch die Quelle der Bilder.
Urworte und Urbilder.
Aber wo sind diese Menschen? Allüberall. In der Wüste und in den Städten. In Zelten und Häusern. In Klöstern, Fabriken, Spitälern und Schulen. Am Schreibtisch, am Kochherd, am Fliessband. Auch auf den Strassen. Allüberall. Auch die Sintflut ist überall. Genauso die Arche. Sie schaukelt dahin unter den Menschen. Von Mensch zu Mensch.
Und wird immer grösser.

Wer sind diese Menschen?
Die Suchenden sind es. Die fragen und suchen und nicht resignieren. Die leiden und doch nicht verzweifeln. Sie sagen nicht: «Man kann da nichts machen, es war immer schon so.» Sie fragen und suchen nach einem Ausweg. Mit aufmerksamen Ohren und wachen Augen. Hellhörig, weitsichtig, sensibel für das, was schon nicht mehr zu überhören und zu übersehen ist. Es ist aber nicht leicht, mehr zu hören, als man so hört und mehr zu sehen, als man sieht. Durchschauen sie gar? Werden sie darum manchmal wie Feinde behandelt?

Für diese Menschen will ich schreiben. Ihnen soll dieses Büchlein gehören, den Kontemplativen. So will ich sie nennen. Sie schauen und hören und meditieren, oft ohne zu merken, was ihnen geschieht. Es ist für sie ganz natürlich. Und ist doch eine Gabe, geschenkt von Gott in der Hoffnung, dass sie die Menschen aufheben, betrachten, begreifen. Und etwas anfangen damit. Für sie möchte ich schreiben, dass ihnen bewusst werde, was ihnen gegeben und anvertraut ist: schöpferisches Schweigen und heilende Kraft aus dem Schauen.

1
Ein Kreuz.
Eines von Millionen.
Unter ihnen mein Kreuz.
Und ein Gekreuzigter?
Millionen Gekreuzigte.
ER aber schwebt bei den Kreuzen:
Dreieck – Schale – Kreis
auferstehungsleicht.

Auferstehen denn Kreuze und Gekreuzigte? Millionen Gekreuzigte? Auferstehen sie wirklich so leicht? Oder träumt da einer, weil er es nicht mehr aushält vor Elend und es nicht mehr mit ansehen kann? Wunschprojektion oder Durchblick, das ist die Frage.

Vier Metalle im Feuer verwandelt. Kupfer, Messing, Silber und Gold. *arte contemplativa*. Kunst aus dem Schauen, ohne zu wissen, was daraus wird. Sonst wählt einer nur reines Metall. Was hat schon Kupfer mit Gold zu tun, und Messing mit Silber? Das Wertlosere würde den Wert des Kostbaren nur mindern. Aber jetzt kommt das Übergangene zu seltener Schönheit. Zu grösserer Würde. Feuer hat beide verwandelt. Gold stirbt für Kupfer, und beide erstehen neu und ganz anders. Zur Einheit von beiden. Oder von vieren. Warum sollte ER also nicht schweben, auferstehungsleicht wie die vier?

Dreieck – Schale – Kreis, Figur des aufrechten Menschen, wenn Gott und Mensch wieder eins sind. Ureinfach, eindeutig und klar. So sind wir gemeint von Anfang. Aufrecht, nicht gekrümmt und gebeugt. Nicht gekreuzigt, nicht Opfer. Auferstanden. Und wenn schon einer, warum nicht Millionen? Schon jetzt? War das denn nicht der Anfang für alle?

Traum oder Wirklichkeit, das ist die Frage. Sind unsere Augen vielleicht nur blind? Vor lauter Bilder des Todes? Vor lauter Resignation? Vor lauter Theologie? Haben wir nur verlernt zu durchschauen, vor Schmerz und vor Elend?

Vielleicht liegt noch Heilkraft im Schauen, so dass unsere Realität transparent wird auf eine grössere Wirklichkeit hin.

2
Ein leeres Kreuz.
SEIN Kreuz ist leer.
Der Kruzifixus ist weg.
Jahrhundertelang hing er da oben
tot und schwer.
Eine schwere Lehre.
Ist ER uns auf und davon
und hat uns nur diese Leere gelassen?

Schwebende Leere. Macht schwebende Leere so leicht? Auch ein Kreuz? Mein Kreuz und das von Millionen? Auferstehungsleicht? Ist es das, was auf uns zukommt: auferstandene Leere statt Lehre von der Auferstehung?
Wie schwer uns diese Lehre geworden ist! Trennendes Gewicht. Gewichtige Trennung in orthodox und liberal, in katholisch und protestantisch, gläubig und ungläubig, gerettet, verdammt. Ist ER uns davon aus Lehren und Dogmen? Ins Unverfügbare? Hielt ER es nicht mehr aus dort oben, verschwand einfach aus unseren Kerkern und Mauern? Und hat uns nur diese Leere gelassen? Unverfügbare Leere? Nur?

Geheimnis der Leere! Man beginnt wieder zu atmen. Alles ist wieder offen. Der Wind bläst hindurch. Ein heiliger Wind. Man spürt eine Frische wie Morgenluft. Beginnt es zu dämmern? Beginnt etwas Neues? Ein neues Denken? Ein neues Begegnen?
Da stehen wir jetzt mit leeren Händen, wie ER in der Ikone. Er formt sie zur offenen Schale, bereit für die Hostie. Um sie zu teilen mit uns und mit allen. Wirkt seine Gestalt nicht fast wie ein Kelch? Ein offener Kelch zur Gemeinschaft mit allen. «Trinkt alle daraus», ist sein Vermächtnis. Umarmt er nicht

jeden, der nicht übersieht, dass er da ist, und der ihn schaut, durch alles hindurch? Der Heilende kommt durch jene, die schauen.

Geheimnis der Leere. Leere macht leicht, befreit von jahrhundertealtem Ballast. Von Übergewicht und von Übermass. Hat ER ein Fasten gebracht unter uns mit SEINER Leere? Ein Heil-Fasten? Werden wir erst durch Fasten ganz? Sehen wir erst wieder durch Fasten gut? Erkennen wir unsere Berufung im Heute der Menschen erst, wenn wir ganz leicht sind? Ganz leicht durch heilende Leere?

3
Stein und Ikone.
Fossiles Blatt und Lebensbaum.
Zwölf Millionen Jahre
hat das Blatt im Stein gewartet auf sein Urbild,
um mit ihm *eins* zu werden.
Jetzt sind sie es.
Wunder der Einheit:
Verwandlung von innen.

Ikone ist Urbild vom Menschen. Wie er von Anfang gemeint war. AUFERSTANDEN. Verwurzelt und aufrecht wie ein Baum. In der Vertikalen sich aufstreckend, in der Horizontalen sich ausspannend. Beziehungsfähig zu Gott und zu Menschen. DU will er sagen. Und DU sein. Die Erde umfangen und auch den Himmel, als DU. Einswerden mit beiden. Was für ein langer und mühsamer Weg, um über die Gegensätze hinaus bis zu dem zu gelangen, der alles verbindet und eint. Ein Kreuzweg. Oder vielleicht doch ein Auferstehungsweg?

Als das Blatt vor zwölf Millionen Jahren still vom Baum fiel, starb es in der weichen Masse des Kalksteins und versteinerte. Ist es nicht auferstanden, jetzt mit der Ikone? In neuer Schönheit? Es «wusste» damals nicht, dass es im Stein in die «Einheit von Vater und Sohn» gefallen war. Stein ist in der hebräischen Sprache aus *ab* (Vater) und *ben* (Sohn) komponiert: *äbän*.

ER sagte doch selber: «Ich und der Vater sind eins.» Wir ertrugen das nicht, und verwarfen den Stein. So ist er zum kostbaren Eckstein geworden. Zur auferstandenen Einheit von Vater und Sohn, von Gott und Mensch, von Himmel und Erde.

Selbst noch versteinert zeugt dieses Blatt vom Auferstehungsweg dieser Erde.
Es ist ein grosses Geheimnis, das Einswerden mit der Ikone. Geologische Zeitalter sogar werden umfasst von der Heilkraft des Schauens. Auch nicht Versteinerung hält ihr stand. Sie lässt sich verwandeln. Von innen.

Ikone ist mehr als nur Bild:
URBILD,
in dem das Wort mit dem Bild noch eins ist.
INBILD,
in welchem das Bild noch trächtig von Wort ist.
Im Anfang ist immer das bildkräftige Wort, das wortkräftige Bild, die Ikone. Das einende Ganze.

4
Parabel ist Gleichnis
wortkräftig dynamisches Bild.
Aus dem Unendlichen kommt sie
ins Unendliche geht sie,
eine Parabel voll Licht.
Und macht ein Ende
der Trennung von oben und unten.
Ende Drama.

Trennung ist immer ein Drama. Seit Jahrmillionen. Es nimmt kein Ende. Aber ruft da nicht einer? Nein, er ruft nicht. Er streckt nur schweigend die Hand aus mit der Standarte: *Trishagion*. Dreimal heilig, im Namen des Vaters, des Sohnes und des Heiligen Geistes. Amen, so ist es. Ursprüngliche Heiligkeit ist wieder da zwischen oben und unten, zwischen Himmel und Erde. Alles ist wieder heilig dazwischen. Beginnt etwas Neues? Dazwischen?

ER ist dazwischen gefahren mit Feuer, wie einst Elia. Feuer verwandelt alles in ursprüngliche Reinheit. Jetzt kommt es aus, was echt ist, was nicht. Was noch wandlungsfähig ist und was nicht. Wer will IHM wehren? Dem mit den entwaffnenden Armen? Unfassbar, auferstanden? Merkt man das Ende nur im Dazwischen? Beginnt dort der Achte Tag? Ist das noch normal, wenn die sieben aufhören? Acht Speichen im Rad, nicht sieben. Das Omega in der Nabe. Wahrhaftig, das ist das Ende! Wir sind mit der Sieben schon an die äusserste Grenze geraten. Geben wir es zu: Wir sind am Ende unseres Lateins. Römisch ist keine ewige Sprache. Wirklich, so kann das nicht weiter gehen mit unserem Trennen. Uns bleibt nur die Umkehr zu dem, der eint. Zum Einenden.

Seltsames Wortspiel: der Einende. Sobald man das Wort trennt, entsteht da «ein Ende». So ernst ist das mit dem Trennen. Man hat schon das Ende gewählt mit dem Trennen. Man zelebriert zu Ende, indem man das Wort trennt vom Bild und das Bild vom Wort. Aber jetzt im Dazwischen ist heilendes Ende durch die Parabel, das Gleichnis aus Licht. Es erleuchtet, verbindet und eint. Mystiker nannten es «Einung». Wir nennen es Ganzwerden. Vollendung. Weisse werden erst ganz mit den Schwarzen, Reiche erst mit den Armen, und Starke erst mit den Schwachen. Auf einmal ist alles «voll Endung» und läuft über; von Katholiken zu Protestanten, von Orthodoxen zu Liberalen, von Männern zu Frauen, von Gott zum Menschen. Es ist zu Ende mit oben und unten. Wir sind ins Dazwischen geraten. In das Geheimnis der Einheit.

5
Zuinnerst ist Freundschaft
auferstandenes DU.
Urbeziehung.
Den Weg der Spirale finden
bis zuinnerst,
einsam und doch nicht allein.
Ein- und ausgehen, sagt Niklaus von Flüe.
Die Wüste beginnt zu blühen.

Der Zugang zu sich führt durch die Wüste. Durch Dornen und Disteln. Durch das Gestrüpp von Leiden und Schmerzen. Hauchdünn ist der Eingang zur Spirale. Man findet zu ihm nur allein und ohne Ballast. Aber dann atmet man freier, begnügt sich mit wenig. Ganz wenig genügt, um zum Eigenen, Eigentlichen zu gelangen. Wasser und Brot. Lebendiges Wasser und lebendiges Brot. Und seltsam, man weiss sich auf einmal behütet. Und geht und geht, ohne sich aufhalten zu lassen. Dann wird der Weg schmal und schmäler. Und dunkel und dunkler. Aber man geht nicht gebückt. Da gibt es nichts zu erschleichen. Es geht um die Wahrheit, die aufrichtet. Aufrecht findet man sich auch im Dunkel zurecht.

Nun wird es still. Ganz aufmerksam ist alles. Ganz Auge und Ohr. Man merkt, dass da noch ein anderes Ohr ist und ein anderes Auge. Ein inneres Ohr und ein inneres Auge. Die hören und sehen mehr als gewöhnlich. Es schaut und hört alles in mir. Neue Bilder und neue Worte. Urbilder und Urworte. So gehe ich weiter und weiter …

Da höre ich meinen Namen. Habe ich ihn so je gehört? Und dann höre ich DU sagen. Zu mir DU, wie wenn ich es zum ersten Mal hörte. *Urwort*. Und dann sage auch ich DU, wie zum ersten Mal. Wo bin ich? Am eigenen Ursprung? Erwartet. Empfangen. Bejaht von einem DU. Vom auferstandenen DU. *Urbeziehung*. Was für ein Jubel: Zur Beziehung geschaffen zu Gott und zum Menschen! Zu mir. Geschaffen zum Dialog. Aufblühen zum dialogischen Sein. Im Geschwätz stirbt alles. Im Dialog wird alles noch einmal geschaffen und aufersteht zwischen DU und DU.

Da kann selbst die Wüste nicht widerstehen und fängt an zu blühen.

6
Kelch und Hostie
Leib und Gefäss und Wein und Brot.
Im gemeinsamen Teilen
sind wir *ein* Leib
über alle Grenzen hinweg.
Der Mensch *ist* Parabel
und Gleichnis:
Eucharistie. Danksagung.

So war ER doch da unter uns: wie ein offener Kelch. Offen für Gott und die Menschen. Unvoreingenommen. Nicht schon im Voraus besetzt mit Vorurteilen. Ganz unbefangen begegnete er. Bereit, sich geben zu lassen und wieder zu geben, was notwendend war. Ein offenes Gefäss. Und wo er hinkam, wurde es ein Fest. Selbst Wasser wandelte sich zu Wein. War es denn Hochzeit zwischen Himmel und Erde? *Ein* festlich gedeckter Tisch für *alle*? War es so hohe Zeit?

ER lebte und sprach so einfach wie Brot ist. Brot für Brüder und Schwestern war er. Niemand ging hungrig davon ausser die Satten. Fünftausend sogar hatten genug an ganz wenig. So einfach war das für ihn mit den leeren Händen vor Gott. ER sagte ihm einfach Vater, wie wenn es das Selbstverständlichste wäre. Bevor sie ihn wegschafften um dieser Selbstverständlichkeit willen, sagte er: «Macht es auch so wie ich, teilt den Kelch und das Brot mit allen. Und denkt dann an mich, so werden wir alle *ein Leib* sein, *ein* Brot und *ein* Fest für diese Erde. So einfach ist das.»

Über die ersten Zeiten war das wie eine ansteckende Gesundheit. Doch allmählich wurde daraus eine Krankheit. Sie luden einander aus statt ein. Das Zeichen der geistlichen Einheit wurde zum Zeichen sichtbarer Trennung. Es ist ein Kreuz und ein Elend, und kein Fest mehr. Was sollen wir tun? Das, was die Ikone tut: Aufrecht und fest stehen in diesem Kreuz. Basis sein, die den leeren Kelch trägt. Und das Getrennte einen wie das Gold in der Hostie. *Ein* Brot werden für Brüder und Schwestern. Eucharistie als Waffe verweigern. Und umso mehr Eucharistie *sein*: Danksagung für erfahrene Einheit. Schon jetzt. Heute.

7
Geist und Institution.
Kirche ganz oben, Institution
und an der Basis
Kirche als brennender Dornbusch.
Oben zerbrechlich
unten Gemeinschaft im Feuer
und sechsundzwanzig Millimeter
als Abstand dazwischen,
das Mass des allerheiligsten Namens
«Ich bin, der ich sein werde.»

ER hat keine Kirchen gegründet. Das taten wir. Nun müssen wir auch die Verantwortung übernehmen dafür. ER hat nur ein Feuer entfacht und wünschte, dass es schon brennte so wie der Dornbusch, der brennt und doch nicht verbrennt. Der hell gibt und warm für die in der Wüste irren und frieren. ER hoffte, dass viele dort ihren Namen hörten wie Moses und barfuss ihre Berufung erführen. Und dass sie dann auszögen aus Demütigungen und Sklaverei und in die Welt gingen wie Brüder und Schwestern.

Vielleicht aber waren wir damals, als er das sagte, gar noch nicht reif für diesen Auszug, für diese Freiheit. Wir haben darüber Institutionen gebaut, um sicher zu gehen und Garantien zu haben. Es schien nicht anders zu gehen. Und dann ging es auch so. Zweitausend Jahre lang. Schwerfällig, mühsam, sogar blutig. Und ER? Schaute er zu von zuoberst?
Nein. Das eben nicht. ER trat dazwischen. Zwischen oben und unten. Und schaffte Abstand zum Atmen, Distanz, um zu schauen, Heilkraft aus seinem Namen: «Ich bin, der ich sein werde.» Nicht der, den ihr meint und den ihr gerne zuoberst in euren Hierarchien hättet. Ich geh euch voraus ins verheissene Land. Weder oben noch unten, nur voraus, auf

dem selben Boden wie ihr. Nicht zu nah, um eure Freiheit nicht zu beengen. Nicht allmächtig, um euch den Mut nicht zu nehmen in eurer Ohnmacht. Nur mitgehen will ich, und mitleiden im Voraus. Ich will euch begleiten an eurer Seite durch Wasser und Feuer, bis ihr am Ziel seid, reif und erwachsen.

Sind wir es jetzt, zweitausend Jahre begleitet? Zerbrechlicher sind wir denn je. Alles gleitet uns aus der Hand, was feststand und sicher und ewig. Und es zerbricht unter Tränen. Worüber weint denn ER? Vielleicht sind es Tränen der Freude über die leeren Hände, die jetzt bereit sind, neu zu beginnen. Bereit, noch einmal aufzubrechen ohne Ballast, nur mit IHM – wie Brüder und Schwestern.

8
Die unterwegs sind durch die Wüste
wandern auf einem Grundstrom,
der mit ihnen geht.
Sie wurzeln in einem kostbaren Stein,
der sie trägt.
Geheimnis der Kirche:
schon zwei genügen,
wenn ER sie verbindet.

Irgendwer muss beginnen mit dem Exodus und das Alte, Gewohnte verlassen. Abraham war wohl der Erste, der aufbrach mit seiner Familie und das Neue riskierte unter dem Himmel voll Sterne.
Moses wollte zuerst nicht gehen. Dann ging er doch mit Abrahams Kindern und Kindeskindern, durchs Rote Meer und die Wüste. Er wäre gescheitert ohne den Grundstrom lebendigen Wassers bei ihm, und ohne das Brot aus dem Himmel. Wer hält das schon durch 40 Jahre! Wem aber bleibt sie erspart, die Wüste? Nicht einmal IHM.

Doch dann begann die Wüste zu blühen, als ER sie ausschickte zu zweit. Ohne Ballast, arm wie Zweige vom Dornbusch, ohne Blüten und Früchte, nur entflammt vom Feuer, das er in ihnen entzündete. Ein offener Kelch, die neue Welt zu empfangen wie eine Hostie. Da begann es zu sprossen in ihnen und um sie herum. Kam denn das verheissene Land in die Wüste der Städte und Dörfer? Genügen schon zwei, dass sich alles verwandelt von innen?
ER hat es verheissen, dass zwei schon genügen. Wenn sie nur brennen, genügt es. Denn Feuer gibt nicht nur Helle und Wärme, es wandelt von Grund auf, wenn es das Feuer der Liebe

ist. Es macht transparent wie die Metalle in den Ikonen. Man schaut einen seltenen Glanz, und schaut wie hindurch und sieht mehr. Verborgenes. Tiefes. Vielleicht gar den «Stein der Weisen», das Wesen der Menschen und Dinge, ihr Ziel.

Seltsames Wunder der Liebe: ein Grundstrom, der alles trägt. Und mitgeht durch alle Wüsten. Eine Öffnung nach oben, um die Flamme des Geistes zu empfangen in all unseren Kreisen und Welten, den Schöpfergeist, der selbst die Dornen zum Blühen bringt.

9
Immer wieder
wird ein *Johannes* geboren.
So gnädig ist Gott.
Ein Skorpion wird zum Adler [1]
mit Augen, die weiter sehen
als irgend ein Vogel.
Alles fällt aus der Fassung
zurück in die Schatten
vor lauter Licht.

Ohne Form und Gefäss können wir gar nicht zusammenleben. Man muss die Vielfalt ordnen, gestalten. Behüten auch und bewahren für Kinder und ihre Kinder. So entstehen Kultur und Tradition. Auch in den Kirchen. Und immer wieder, wenn die Struktur der Gefässe zu gewichtig, zu mächtig und starr wird, kommt wie ein Stachel ein Johannes. Ein Rufer vielleicht in der Wüste, wie der Täufer. Unbequem und fast nicht zu ertragen, weil er die wunde Stelle blosslegt. «Masst der sich an, Prophet zu sein», hört man sie sagen. Doch ist sein Schrei aus Leiden geboren, aus Ohnmacht und Erniedrigung. Er spürt sensibler als viele, dass die Gefässe nicht taugen für neuen Wein und neues Leben. Wie ein Adler sieht er viel weiter als normale Vögel; erkennt vielleicht sogar den Morgen einer neuen Welt. Er ahnt, was Ahnungslose nicht von ferne träumen.

Den anderen Johannes haben sie verbannt auf eine Insel. Zu unerträglich war sein Schrei. Patmos hiess sie. Klingt da nicht Leiden nach? Sein Evangelium war viel zu anders als die andern. Zu viel verbarg er hinter seinen Worten. Er umschwieg sie mit ganz grosser Stille. Mit Symbolen hüllte er sie ein. Sein Jesus sprach nicht nur, er lebte alles wie ein Gleichnis. War

er selber eines? Um uns Mut zu machen, auch so zu werden, wie ER war und lebte? Das würde alle Traditionen sprengen. Das wäre ja ein neuer Anfang und wie ein Morgenstern am Himmel. Ist es schon Morgen? Dämmert es am Horizont? Dürfen wir Ikone sein wie ER? Inbild des neuen Menschen, wie ihn Gott von allem Anfang an gemeint hat und noch immer meint? Warum nicht, wenn selbst ein Papst in unserer Zeit das Wagnis wagte und mutig neue Wege ging:
Wer könnte ihn so leicht vergessen, Johannes XXIII.?[2]

10
Wenn selbst ein Holz
von Aufbruch träumt
und wirklich aufbricht,
sag, was dann?
Dann aufersteht der ganze Baum
zum Lebensbaum.
Ausreden sind dann nicht mehr möglich
für die Menschen, nicht aufzuerstehen.

Ein kleines Holz, ein goldener Schein – genügt so wenig zur Ikone? Warum soll es nicht genügen? So viele Ringe Jahr um Jahr. So viel Dunkel Nacht für Nacht. So viel Sonne durch die Tage, Sturm und Wetter, Frost und Hitze, Eis und Schnee. Soviel Lärm und so viel Schweigen. Auch von Krankheit nicht verschont. Ist das zu wenig? Oft gebeugt und dennoch aufrecht. Oft ein Ächzen und ein Stöhnen, dennoch grün und voller Hoffen. Voller Träume. Aufgebrochen. Ist das zu wenig für die Ikone vom neuen Leben? Sag, genügt das nicht?

Doch, es genügt. Weil eines Tages unerwartet das Wenige nicht länger übersehen wird. Es fällt in eine Hand, die hebt es auf. Und der es aufhebt, schaut das Viele in dem Wenigen. Und fügt ein wenig Gold hinzu, geläutertes im Feuer. Ein kleiner Schein genügt, um eins zu werden mit dem Holz, IHM ähnlich. Mehr ist nicht nötig zur Ikone. So sind wir doch gemeint von Anfang an. So leicht. So spielend leicht und tanzend. Wie ER im Morgenwind am andern Ufer beim Morgenmahl mit seinen Brüdern. Johannes hat ihn so geschaut, den neuen Menschen. So spielend leicht und wahr. Verwandelt in das Urbild Gottes und doch neu. Urneu. Nicht mehr identisch mit dem alten. Ikone. Ist es noch möglich, sich herauszureden vor diesem Holz? Auch nur für einen Augenblick? Dass ich zu wenig mitgebracht für die Ikone, die Gott von mir geschaut?

Das kleine Holz lag unter denen, die ich verbrennen wollte, um mich am offenen Kamin im Winter zu erwärmen. Nur etwas Wärme wünschte ich von ihm. Er gab mir mehr: Vollendung.

11
Ist das ein Kreuz noch,
wenn die Form so eins ist mit dem Inhalt?
Wenn Äusserstes durchbrochen ist,
wird das Kreuz zum Mantel «Tau»
des neuen Menschen,
aufrecht
und im Gleichgewicht.

Da ist er wieder, dieser unscheinbare Schein aus Gold. Erleuchtung auf und um die Stirne des neuen Menschen. Fast wie der Ring am alten Tragkreuz aus Ägypten. Nur wie durch einen Hauch verbunden mit dem Leib des «Tau», dem so inhaltschweren letzten Zeichen des Alphabetes der Hebräer. In ihm ist alles ausgedrückt, was ein Mensch erreichen kann in dieser Welt. Alles Leben, selbst der Tod. Weiter als zu dieser Grenze kann keiner gehn. Hier muss er innehalten mit Respekt und Ehrfurcht.
War es auch das Zeichen auf der Stirne Kains? Auch der Hohe Priester trug es auf der Stirne, und jene bei Ezechiel und in der Offenbarung, weil sie die Leiden Gottes und der Menschen nicht übersahen, sondern mitgelitten hatten. Wie ER, den sie noch am selben Abend vor dem Sabbat vom Kreuze nahmen. Tot. So ernst war das mit dieser Grenze auch für IHN. Nur war die Ruhe dieses einen Sabbats zum schöpferischsten Augenblick geworden seit Urbeginn der Welt. Zum Neubeginn.

ER auferstand am Achten Tag als neuer Mensch. Ganz neu und anders. Ganz auferstehungsleicht kam er durch Türen, die verschlossen waren, zu seinen noch verstörten Brüdern mit seinem Frieden. Und jetzt war wirklich Friede. Zum ersten

Mal. So ganz umfassend. Schalom. Kein Mechanismus mehr von Schuld und Sühne, von Rache und Beleidigung. Vielmehr Begegnung mit dem Leben und dem Lebendigen. So ist das mit dem Frieden. Die Überlebensmechanismen sind durchschnitten. Sie zittern aus. Auch ER hat unter uns nicht überlebt, er auferstand und brachte Leben.

Und wir? Wir schieben seit 2000 Jahren die Auferstehung vor uns her. Wie Opium, als Trost für später. War denn sein Weg nicht Auferstehungsweg schon lange vor der Grenze? War denn das Äusserste für ihn nicht schon zuvor durchbrochen und eins geworden mit dem innersten und wahren Leben? Schon auf dem Tabor? Was zögern wir noch länger?

12
Der neue Mensch
geht auf dem Seil.
Nur Schritt für Schritt.
Er schaut nicht rückwärts,
nicht nach vorn,
nur auf das Seil
und auf den Fuss, der tastend geht
zum DU hinüber.

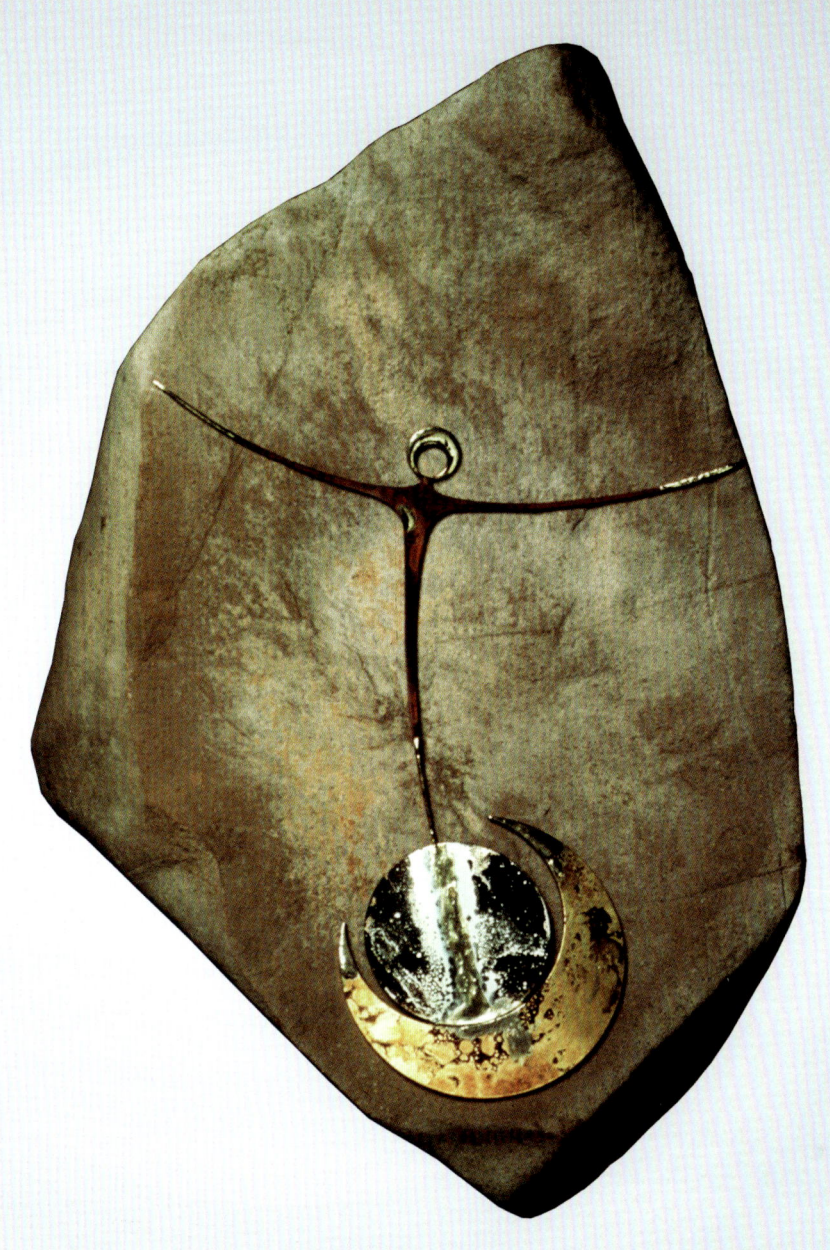

Der Auferstehungsweg führt übers Seil, das ER uns spannt zum andern DU. Indios beten im Psalm 23: «Er wirft mir ein Seil zu, und der Name des Seils ist Liebe.»

Wir sind uns heute der Gegensätze und Verschiedenheiten zwischen Rassen und Klassen noch tiefer bewusst als vor 2000 Jahren. Abgründe sind es, die uns trennen. Auch unter Religionen. Sogar unter Christen. Da hilft kein Verwischen und keine Kosmetik. Der Kampf um Identität wird nur härter. Blutiger noch, bis aufs Messer. Gründe machen Abgründe nur noch sichtbarer. Weltweit sind Gräben und Schluchten und Klüfte. Wir sind polarisiert bis zum Letzten. Ist das denn das Letzte?

«ICH bin der Letzte», hat ER gesagt. Nicht mächtig. Auch nicht gewaltig. Schon gar nicht allmächtig. Sondern der Letzte. Der ganz zuletzt kommt. Mit dem schon niemand mehr rechnet. Zuletzt ist da noch einer mit einem Seil. Er wirft es vom anderen Ufer herüber.

So weit ist er gegangen. Bis zuletzt. Und zuletzt ist sein Seil das Erste, das uns erreicht von drüben. Als Einladung, darüber zu gehen. Nicht in den Abgrund hinein, sondern darüber. Mit dem Seil ist eine Verbindung geschaffen zu denen dort drüben. Und es ist klar: über das Seil können nur Aufrechte gehen. Seiltänzer, mit ausgebreiteten Armen. Entwaffnet nur sind wir im Gleichgewicht. Das ist der Anfang vom Ende der Trennung unter den Menschen: Wenn einer riskiert, dem Seil sich anzuvertrauen und hinüberzugehen zum anderen DU.

Wir haben gemeint, ER sei ein Spezialfall. Alles sei möglich für IHN, nur nicht für uns. So dachte er nicht, verstand sich nur wie ein Anfang für viele, damit wir würden wie ER: Menschensohn und Menschentochter, Gottessöhne und Gottestöchter, Seiltänzer zwischen Gott und Menschen wie ER.

13

Judas, der Zwölfte und Letzte
aufersteht uns zuerst.
Ausgebootet von uns als Zwölfter,
ersetzt durch Matthias,
holt ER ihn heraus aus dem Abgrund
und gibt ihn uns neu
als Dreizehnten,
der über alles hinausgeht wie ER
in das, was *eint*.

Aufersteht uns jetzt Judas, weil wir ihn 2000 Jahre lang verdammten, verdrängten? War er nicht einer, der seine Identität kannte und wusste, was er wollte? Nur Jesus schien seine Identität nicht eindeutig zu kennen. Oder wusste ER mehr als das, was der Messias zu sein hatte und was alle erhofften von ihm? Aber man darf doch über das nicht hinausgehen wollen, was die Heilige Schrift sagt! Ahnte das Judas vielleicht? Dann wusste er es aber erst, als Jesus seine Hoffnung und die Träume von vielen enttäuschte und starb wie ein Verbrecher. Dann war ER ja der Verräter, und zwar an der genau umschriebenen Identität des so versprochenen Messias, weil ER sie nicht erfüllte. Warum nicht? Musste ER als Dreizehnter unter den Zwölfen über alles Bisherige hinausgehen in unberechenbar Neues? Wollte ER das? Dann war das für Judas das Ende. Dann gab es nichts rückgängig zu machen.

Und wir? Wo stehen denn wir, nachdem ER auch unsere Träume seit Konstantin nicht erfüllte? Wir wussten doch auch genau, was wir wollten. Ein *corpus christianum*.[3] Die christliche Welt. An christlicher Identität war kein Zweifel. Aber war es das, was ER wollte? Oder ging er auch da über alles hinaus bis zur Ikone der neuen Welt? Identität oder Ikone, das ist die

Frage. Genau umrissenes Bild – klar fixierte Idee – Ideologie. Oder offenes Inbild – ähnlich werdendes Abbild – gemeinsamer Weg. Weg oder Abgrund. Für Judas ging es nicht weiter. Er sah keinen Ausweg und wählte den Abgrund. Haben wir ihn nicht auch schon gewählt? Nicht mit dem Galgen. Mit Kernenergie. Mit Spaltung von Urelementen. So weit sind wir gegangen mit Trennen.

ER aber fand einen Weg zu seinem Freund auch im Abgrund. ER liess sich nicht von ihm trennen, und trug ihn hinaus ins Leben. Jetzt sind sie eins wie gar nie zuvor. Auch Judas ist jetzt der Dreizehnte wie ER! Beide gehen über alles hinaus, was bisher war in 12 Stunden, 12 Monaten, 12 Stämmen des Volkes. Im Möglichen erscheint das Unmögliche: Gott selber in seiner Ikone. Sein allerheiligster Name hat den Zahlenwert 26, und Judas und Jesus als Ikone auch. Ist das nur Zufall? Die grössten Gegensätze wollen sich einen in der Ikone. Einen, nicht identifizieren.

Nur eben, identisch fühlt man sich sicher und stark, und wohl wie ein Fisch im Wasser. Aber Fische gehören nach biblischer Symbolik gar nicht ins Wasser, sondern aufs Neuland. Wie

Moses, der «aus dem Wasser Gezogene». Wie Jona und auch wie ER, der sich als Zeichen des Jona verstand. Und jetzt auch Judas, den ER, der Gerechte, herauszieht ans Ufer des Neulands.

Dämmert es jetzt in der Menschheit, wenn das Unmögliche da ist im Bloss-Möglichen? Wenn die Ikone erscheint? Steht darum der Stern am Himmel? Ist es bald Morgen? Wenn Sonne und Mond sogar eins sind, ist dann der Himmel auch unten?

Trägt der uns übers Wasser? Steht uns der Gang übers Wasser bevor, damit sich der Sturm in der Menschheit beruhigt und es Friede wird? Alles umfassender Friede?

Zu den Begriffen

• *Ikone:* griechisches Wort für «Bild», «Ebenbild» (Genesis 1,26+27). Nicht fixe Idee oder magisches Bild, sondern schöpferisch-dynamische Gestalt und Gleichnis Gottes. Der Mensch im biblischen Verständnis ist zu Gottes Bild werdende Ikone. Die vorliegenden Metall-Ikonen sind auf die einfachsten und wesentlichsten Urformen reduziert. Man hat sie, im Unterschied zu den Ikonen der Ostkirchen, schon archaische oder archetypische Ikonen genannt. Sie verzichten aber im Gegensatz zu jenen auf die dritte Dimension der Tiefe. Sie wird erst in der Kontemplation gefunden. Metallikonen sind nicht gemalt. Ihre Farben und ihre Transparenz entstehen im Feuer. Zwei edle Metalle, Silber und Gold, einen sich im Feuer mit zwei gewöhnlichen Metallen (Messing und Kupfer) und erwachen zu ungeahnter Schönheit.

• *Kontemplation* könnte man mit «Achtsamkeit des Herzens» umschreiben. Dem Wort liegt das lateinische *contemplari* zugrunde, was «einen freien Raum am Himmel betrachten» meint. «Con» sucht das Gemeinsame von dieser kleinen Menschenwelt und dem grossen Kosmos. Den Zusammenhang und den Einklang. Der Kontemplative sucht mit der ganzen Aufmerksamkeit und Behutsamkeit seines Herzens das rechte Mass, die Proportionen und den Rhythmus des Lebens zu begreifen: die tieferen Zusammenhänge zwischen Himmel und Erde, zwischen Gott und Mensch, zwischen Sichtbarem und Unsichtbarem. Das deutsche «Betrachten» deutet darauf hin. Wer be-trachtet, wird trächtig. Und er wird Neues gebären. Im schweizerdeutschen «Luege» steckt «Lücke», also hindurch-schauen, durchschauen.

• *Geometrische Symbole:* Das Dreieck ist Symbol der Gemeinschaft (Trinität sieht sie auch in Gott selber). Das Quadrat ist Inbegriff der Begrenzung und der Begrenztheit, wohltuend oder beengend. Die Parabel kommt aus dem Unendlichen und geht ins Unendliche. Sie ist Symbol der Unverfügbarkeit; auch der Einmaligkeit von Berührung durch die Gegenwart eines ganz Anderen. Parabel als sprachliche Form meint Gleichnis. Jesus hat besonders gern in Gleichnissen gesprochen. In unverfügbarer Berührung. Der Kreis ist Symbol der Einheit, des Absoluten und der Vollkommenheit.

- Der Berg *Tabor* ist der Berg der Verklärung (Mt 17,1–13), wo Jesus für drei von seinen Jüngern transparent wurde auf das hin, was er zuinnerst war: Sohn Gottes.

- *Zahlen:* In den meisten Kulturen und Religionen sind die Zahlen Symbolträger mit reichhaltiger und heute nicht immer durchschaubarer Bedeutung. Vereinfacht lässt sich das Folgende sagen. 1: Ursprung und Ziel (Einswerdung und Ganzwerdung). 2: Dualität. 3: Gemeinschaft, Trinität. 4: Begrenzung und Begrenztheit. 5, 50, 500 haben messianische Bedeutung, sie weisen auf die neue Welt (Reich Gottes). 6: Inbegriff alles Menschlichen oder Zeichen für Mensch. Kein hebräischer Name beginnt mit «waw», dem 6. Buchstaben, weil in ihm jeder Mensch ist. Die 7 lebt ganz aus dem Sabbat und der Gegenwart Gottes, ebenso die 7 × 7 und die 70 × 7. Über die 7 kann niemand hinaus, nur Gott kann den 8. Tag bringen. In Christus ist der Achte Tag angebrochen, mit seiner Auferstehung. Die 9 ist Symbol des Mutterschosses und der Geburt. Die 10 ist die offene, segnende Hand. Mit der 11 beginnt die Einheit auf neuer Ebene. Die 12 (als 3 × 4) ist das Äusserste, was an Raum und Zeit und Gemeinschaft möglich ist. Aber Jesus war immer der 13. unter den Zwölfen: der über alle(s) Hinausgehende. Ich erwähne nur noch die 17 als Krise und die 26 als Gegenwart des heiligsten Namens, geoffenbart am brennenden Dornbusch («Ich bin, der ich sein werde»). In den Metallikonen sind die Masse in ihrer Symbolik gewählt, z. B. in der dreizehnten und letzten ist es die 17 (cm) als Horizontale und die 26 (cm) als Vertikale. Der Kreis im Innern hat den Durchmesser von 13 cm.

Alle erwähnten Massangaben beziehen sich auf die Originale.

Biblische Bezüge

Seite	Stichwort	Stelle
2	Sintflut, Arche	Gen 6,5–8,22
11	Kelch: «Trinkt alle daraus»	Mt 26,27
15	«Ich und der Vater sind eins»	Joh 10,30
15	Eckstein	Ps 118,22; Apg 4,11
18	Elia	1Kön 18,37–38
20	Die Wüste beginnt zu blühen	Jes 35,1–2
26	Wasser wandelt sich zu Wein	Joh 2,1–11
26	(Speisung der) fünftausend	Mt 14,13–21 (und Parallelstellen)
27	Kelch und Brot, *ein* Leib sein	1Kor 11,23–26; Eph 4,4–6
28	Dornbusch	Ex 3,1–5
28	«Ich bin, der ich sein werde»	Ex 3,1–14
30	… dass das Feuer schon brennte	Lk 12,49
31	Ich geh euch voraus ins verheissene Land	Joh 14,1–4
31	… will euch begleiten, durch Wasser und Feuer	Lk 24,13–32; Jes 43,2
31	Worüber weint denn er?	Lk 19,41–44
32	Schon zwei genügen, wenn ER sie verbindet	Mt 18,20
34	Abrahams Aufbruch	Gen 12,1–4
34	Moses' Zögern	Ex 3,12
34	Grundstrom lebendigen Wassers	Joh 7,38
34	Brot aus dem Himmel	Ex 16,4; Joh 6,30–35
34	40 Jahre in der Wüste	Num 32,13
34	Jesus in der Wüste	Mt 4,1 (und Parallelstellen)
34	Jesu Jünger, zu zweit und ohne Ballast	Mk 6,7–9
35	Feuer wandelt, von Grund auf	Sach 13,9
35	Flamme des Geistes	Apg 2,3

36	Johannes – Skorpion wird zum Adler	Offb 4,6–8
38	Rufer in der Wüste	Jes 40,3; Mt 3,3
38	«Masst der sich an, ein Prophet zu sein?»	Mt 21,23 (und Parallelstellen)
38	Gefässe, die nicht taugen für neuen Wein	Mt 9,17 (und Parallelstellen)
39	Patmos	Offb 1,9
39	Inbild des neuen Menschen	1Kor 15,45–49
43	Morgenmahl	Joh 21,1–14
46	Zeichen auf der Stirne Kains	Gen 4,15
46	Zeichen auf der Stirn des Hohen Priesters	Lev 21,10.12
46	Zeichen bei Ezechiel und in der Offenbarung	Ez 9,4, Offb 7,3
46	Jesu Abnahme vom Kreuz vor dem Sabbat	Mt 27,57 (und Parallelstellen)
47	Der Auferstandene bringt Frieden	Joh 20,19
47	Tabor	Mt 17,1–9 (und Parallelstellen)
50	«ICH bin der Letzte»	Offb 1,18; Offb 2,8; Offb 22,13
51	… damit wir würden wie ER	Joh 13,15; Mt 10,25
52	Judas ersetzt durch Matthias	Apg 1,15–26
55	Er sah keinen Ausweg und wählte den Abgrund	Mt 27,3–10
56	Moses und Jona: aus dem Wasser Gezogene	Ex 2,10, Jona 2
56	Jesus, im Zeichen des Jona	Mt 12,39–40
56	Steht darum der Stern am Himmel?	Mt 2,2
56	Gang übers Wasser	Mt 14,25–32

Zusammenstellung: Walter Wickihalder

Josua Boesch (1922–2012) moderner Mystiker, Schöpfer von Metallikonen und Übersetzer biblischer Texte in die Zürcher Mundart. Kunstgewerbeschule in Zürich und Lehre als Gold- und Silberschmied. Theologiestudium. 28 Jahre Pfarrdienst in reformierten Gemeinden (Rothrist/AG, Mathon/GR, Stallikon/ZH, Schaffhausen-Buchthalen, Affoltern a./A.). Seit 1974 Metallikonen-Macher. Lebte 1979–1997 ein ökumenisches Zeichen in Verbindung mit einem kontemplativen benediktinischen Orden im toskanischen Apennin (Camaldoli). Aus dieser Zeit der Stille entstand sein Werk: «arte contemplativa», sein Auferstehungsweg «via resurrectionis», «D Psalme» und «S Johannes-Evangeelium», beide aus dem Urtext übertragen ins Zürichdeutsche, »Morgendämmerung», sein Tagebuch einer Wandlung sowie Sammlungen von Gedichten und Gebeten.

Angaben zu den abgebildeten Ikonen

Die Angaben sind entnommen aus: Simon Peng-Keller, auferstehungsleicht. Der ikonografische Weg von Josua Boesch, Zürich 2022, S. 143f. Die jeweilige Ikone und ihr Entstehungsprozess wird näher beschrieben auf der Seite in *auferstehungsleicht*, die in Klammern genannt wird.

S. 9: San Damiano-Kreuz: 23. September 1974; 7,5 × 7,5 cm. (19)

S. 13 (und Titelbild): Leeres Kreuz: 1975; 45 × 45 cm. (22)

S. 17: Lebensbaum auf Stein mit fossilem Blatt: 19. Dezember 1979; Ikone: 10 × 10 cm. (39)

S. 21: Ende Drama: 25. Februar 1982; 20 × 25 cm. (60)

S. 25: Eremitische Freundschaft: Juli 1981; 26 × 20 cm. (50)

S. 29: Eucharistie werden: 3. Februar 1982; 13 × 13 cm. (68)

S. 33: Geist und Institution: 10. Juni 1984/10. Oktober 1984; 17 × 17 cm. (70)

S. 37: Der neue Kelch: 8. Februar 1985; 17 × 17 cm. (68)

S. 41: Johannes-Ikone: 27. Dezember 1984; 26 × 17 cm. (76)

S. 45: Aufgebrochenes Holz: April 1983; ca. 8 × 12 cm. (85)

S. 49: Taukreuz aus Messing: 1980; 30 × 26 cm. (30)

S. 53: Der Seiltänzer: 26. Juli 1985; Metalle: 17 × 14,5 cm. (86)

S. 57: Die Auferstehung des Judas (Friedensikone): 22. Sept. 1986; 17 × 26 cm. (94)

Anmerkungen

1 Dem Evangelisten Johannes wird seit dem 4. Jh. das Symbol des Adlers zugeordnet, als Symbol des erlösten Elements Skorpion (im Hauptsternbild).

2 Papst Johannes XXIII. initiierte 1959 das Zweite Vatikanische Konzil (1962–1965) mit der Perspektive eines kirchlichen Aufbruchs, den er unter das Motto eines notwendigen *aggiornamento* stellte.

3 Der Begriff *corpus christianum* wird seit Ende des 19. Jahrhunderts im Rückblick auf das «Christliche Abendland» Europa verwendet – den Kontinent, den das Christentum, nachdem es Ende des 4. Jh. n. Chr. zur Staatsreligion avanciert war («Konstantinische Wende»), expansiv missioniert und auch politisch durchdrungen hat.